5492
.M.o.

RÉPONSE
D'HORACE
A M. DE V***

RÉPONSE D'HORACE
A M. DE V***.

Au plus gai des veillards, au plus grand des Poëtes,
A l'Orphée attendu dans nos belles retraites,
Des Champs Elyſiens, ſalut, paix & longs jours.

   Tous nos morts beaux eſprits hier en grand concours,
Sont venus m'annoncer ton Epitre charmante,
Du feu de ton printemps encore étincelante.
Car nous aimons tes vers, & toujours tes Ecrits
Ont charmé l'Elyſée auſſi bien que Paris.
Nous avons admiré ta Muſe octogénaire,
Son humeur enjouée & ſa marche légere.
Il n'eſt donné qu'à toi de croître à ſon déclin,
D'être au ſoir de ſes ans ce qu'on eſt au matin,
D'être un prodige en tout. Lachéſis étonnée,
Compoſant de tes jours la trame fortunée,
Voit leur brillant tiſſu, dont l'or devrait pâlir,
Rajeuni ſous ſes doigts, s'étendre & s'embellir.

Et comment, dans cet âge où la froide vieillesse
Ôte à tous nos ressorts leur flexible souplesse,
Où les organes durs & les sens engourdis,
Par un sentiment prompt ne sont plus avertis,
As-tu donc conservé ce goût, cette harmonie,
Cette facilité, la grace du génie,
Ces mouvements, ces traits, ce naturel heureux,
Et des tons différens l'accord ingénieux ?

Nous avions grand besoin de cet Ecrit aimable,
Que nous daigne envoyer ta Muse inépuisable.
Vos modernes esprits, vantés dans vos Journaux,
Avec peu de respect ont traité nos Héros.
Des soupers du Sophi (1) l'admirateur grotesque,
Hérissant de grands mots son cynisme burlesque,
Insulte Montesquieu, dénigre Cicéron.
On écrit à Racine en style de Pradon.
Des dogmes de Quesnel un triste prosélyte
En bourgeois du Marais a fait parler Tacite.
La Fontaine se plaint, que rêvant un beau jour
A** près de Psyché crut remplacer l'Amour.

―――――――――――――――――――

(1) M. L** fameux par ses métaphores, s'écrie quelque part avec un enthousiasme très plaisant : *Vive le Sophi ! vive le grand homme qui mange avec ses amis ! qui satisfait, par le plus délicieux de tous les mélanges, son appétit & son cœur !*

Despréaux, plus fâché qu'il ne put jamais l'être,
A su qu'Aliboron l'osait nommer son maître (1).
Il ne s'attendait pas à ce ton familier;
Il ne veut point, dit-il, d'un si sot écolier.
Il ne veut point sur-tout de ce *plat Secrétaire*,
Sous un nom qu'il dément très mal-adroit faussaire.
Il ose t'assurer, sans trop de vanité,
Que son style à ce point n'est pas encor gâté.

Mais moi, quoique ta main légere & délicate
Ait brûlé sur ma tombe un encens qui me flatte,
Je pourrais cependant me plaindre un peu de toi.
Pourquoi me reprocher d'être flatteur d'un Roi (2) ?
D'un Roi ! de ce nom seul mon ombre est offensée;
L'oreille d'un Romain en est toujours blessée.
Ce nom seul fit jadis sous cent coups de poignard,
Au milieu du Sénat, tomber le grand César.
Octave Triumvir fut un tyran coupable;
Mais il fut quarante ans Magistrat équitable.

---

(1) M. F** qui aime beaucoup les figures de Rhétorique, quoiqu'il n'ait été que Régent de sixieme, répete souvent dans ses feuilles, *Mânes de Despréaux ! O mon Maître !* &c.

(2) Le Gouvernement d'Auguste fondé sur les Loix, partagé avec le Sénat, conservant toutes les formes républicaines, pouvait s'appeller *une Magistrature suprême*, bien plutôt qu'*une Royauté*. Ses successeurs en firent un despotisme abominable.

J'ai loué ses vertus & non pas ses forfaits.
Il fut mon bienfaiteur, je chantai ses bienfaits;
J'applaudis à ses loix, je louai sa police;
Je célébrai, peut-être avec quelque justice,
Cet esprit qui joignait tant de talents divers,
Qui commandait au monde, & se connut en vers.
Que dis-je ? il posseda cet art si difficile.
Que ses vers sont touchants, quand il pleure Virgile!
C'est un Dieu qui l'inspire, ou bien c'est l'amitié:
Quel tribut par les Grands plus rarement payé ?
Trop heureux les mortels, quand leur maître est sensible,
Quand son orgueil est noble & n'est pas inflexible,
Qu'il aime les neuf Sœurs, leurs jeux & leurs concerts,
Le son de la louange & celui des beaux vers!
Qui veut être loué mérite un jour de l'être.

Qui l'a mieux su que toi ? qui l'a mieux fait connoître ?
Quel homme vers la gloire & l'immortalité,
D'un plus rapide élan fut jamais emporté ?
Ton génie a voulu, dans ses vastes ouvrages,
Embrasser tous les arts, dominer tous les âges.
Par-tout il jette au loin des rayons éclatants,
Que n'éteindra jamais le long oubli des temps.
Les morts, tu le sais bien, parlent sans flatterie;
Ils sont sans préjugés, comme sans jalousie;

Et Voltaire vivant est jugé dans ces lieux,
Comme il doit l'être un jour par nos derniers neveux.
Français, Grec ou Romain, ici chacun t'admire :
A l'Elysée en pleurs Racine a lu Zaïre ;
Corneille a crû revivre en écoutant Brutus ;
Sophocle & Cicéron, embellis & vaincus,
Se retrouvent plus grands sous ton pinceau tragique,
Et ta Jeanne a charmé le Chantre d'Angélique.
Plutarque revoyant la liste de ses Rois,
Cherche à qui comparer ton Héros Suédois.
Que tes vers ont flatté le bon goût de Virgile !
Souvent avec Homere il parle de ton style :
Ils disent qu'en effet, pour les vaincre tous deux,
Il ne t'a rien manqué que leur langue & leurs Dieux.

J'ai moins écrit que toi, j'ai voulu moins de gloire.
J'arrivai moins brillant au Temple de Mémoire.
J'aimai les voluptés, les jeux & le loisir :
J'eus des moments d'étude, & des jours de plaisir.
Né sous un Ciel heureux, j'en sentis l'influence :
J'abandonnai ma vie à la molle indolence ;
Et mon goût pour les Arts, mes faciles talents,
Variaient mon bonheur & servaient mes penchants.
Je reçus Apollon comme on reçoit à table
Un ami qui nous plaît, un convive agréable,

Non comme un Maître dur qui se fait obéir.
Il vint charmer ma vie, & non pas l'asservir.
Souvent à Tivoli, dans mon champêtre asyle,
Ou sous le frais abri des bois de Lucrétile,
Quand j'attendais Glycère au déclin d'un beau jour,
Couché sur des carreaux disposés pour l'amour,
Tandis que la vapeur des parfums d'Arabie
Pénétrait & mes sens & mon ame amollie ;
Qu'au loin, des instruments l'accord mélodieux
Portait à mon oreille un bruit voluptueux ;
Alors dans les transports d'un aimable délire,
Inspiré tout-à-coup, je demandois ma lyre.
Je chantais l'espérance & les doux souvenirs,
Le doux refus qui trompe & nourrit les desirs,
La piquante gaieté, la naïve tendresse.
Je vis dans l'Art des vers que nous apprit la Grece,
Un langage enchanteur dans l'Olympe inventé,
Fait pour parler aux Dieux ou bien à la Beauté.

Quelquefois, élevant ma voix & ma pensée,
Emule audacieux de Pindare & d'Alcée,
Je montai dans l'Olympe ouvert à mes accents :
Ou, choqué des travers & des vices du temps,
J'exerçai sur les sots ma gaieté satyrique :
J'esquissai même un jour un Code poétique.

Mais la gloire & les arts ne bornaient point mes vœux;
Le plaisir fut toujours le premier de mes Dieux.

 Octave, qui goûta mon heureux caractere,
M'offrit auprès de lui le rang de Secrétaire.
Je refusai son offre ; il n'en fut point blessé.
Accueilli dans sa Cour, à sa table placé,
Je ne lui voulus point assujettir ma vie :
Il aurait dérobé mes moments à Lydie,
A Philis, à Chloé, qui valaient mieux que lui ;
L'esclavage bientôt eût amené l'ennui.
J'aimais beaucoup Octave, & plus l'indépendance.

 Voltaire, je le sais, eut plus de complaisance ;
A la Cour autrefois il attacha son sort.
Nous connaissons ici ton *Salomon du Nord*,
Et sa prose éloquente, & ses rimes hardies.
D'Argens, qu'il désolait par ses plaisanteries,
Ne nous vanta pas moins son ton, ses agréments,
Sa chere un peu bourgeoise, & ses soupers charmants;
Où cessant d'être Roi, pour être plus aimable,
Laissant la Liberté présider à sa table,
Frédéric n'avait plus d'ennemis que les sots,
Et même contre lui permettait les bons mots.
Il avait bien raison ; dans le rang qu'il occupe,
Faut-il de sa grandeur être toujours la dupe ?

De la société perdre tous les appas ?
L'étiquette est l'esprit de ceux qui n'en ont pas.
La dignité souvent masque l'insuffisance ;
On s'enferme avec art dans un noble silence :
Mais qui sait bien répondre, encourage à parler.

Vos jours étaient si beaux ! qui pouvait les troubler ?
C'est donc ce Maupertuis, ce bizarre génie,
Géometre chagrin que tourmentait l'envie ;
Qui, des biens & des maux sombre calculateur,
Jadis si tristement nous parla du bonheur ?
Il fut jaloux & vain : mais, pardonne à ses mânes.
Pardonne à ce ramas de détracteurs profanes,
Dont le nom, par toi seul, jusqu'à nous est venu.
Quant à Monsieur F..., il nous est plus connu :
Au *Bedlam* (1) de Pluton, fustigés par Mégere,
Visé, Gâcon, Zoïle, attendent leur confrere.
Quel siecle n'a pas vu de ces obscurs pédants,
Condamnés au malheur de haïr les talents,
Qui flattent tour-à-tour l'envie & la sottise ?
Quelquefois on les lit ; toujours on les méprise.
Laisse ces vils serpents qui sifflent sur tes pas :
Alors que Linus chante, on ne les entend pas.

_____

(1) Nom de l'*Hôpital des Fous* de Londres.

Et qui n'adore point ta Muse enchanteresse ?
Tu crains d'être au-dessous de Rome & de la Grece,
De vivre moins que moi dans la postérité :
C'est bien là d'un Français l'aimable urbanité.
Jadis, je l'avouerai, j'eus moins de modestie,
Je promis à mes vers une éternelle vie :
Et si j'en crois les tiens, je me suis peu mépris.
Mon nom est sûr de vivre alors que tu m'écris.
Tu m'as cité souvent : c'est mon plus bel éloge.

Mais toi qui, des confins du pays Allobroge
Sais occuper l'Europe attentive à tes chants,
Est-ce à toi de douter, dans tes succès brillants,
Du pouvoir d'une langue à jamais consacrée,
Dont tu pourrois toi seul garantir la durée ?
Ah ! trop heureux Français ! vous faites plus que nous.
Quand la terre asservie était à nos genoux,
La langue des Vainqueurs devint celle du monde :
En chefs-d'œuvre des arts la France plus féconde,
Par l'attrait des talents, par le charme des vers,
Sans l'avoir subjugué, regne sur l'univers.
Vos drames éloquents, honneur de Melpomene,
Monuments qui manquoient à la grandeur Romaine,
Charment vingt nations avides d'en jouir ;
Et vos voisins jaloux vous doivent leur plaisir.

Faut-il à votre gloire encore un nouveau titre ?
Des intérêts des Rois votre langue est l'arbitre :
Disputant contre Orlof, l'Orateur du Divan,
Osman plaide en français les droits de son Sultan ;
Et dans Fokiani, le Turc & la Russie
Décident en français des destins de l'Asie.

A tant de gloire encor que peut-on ajouter ?
Qu'on la maintienne au moins, en sachant t'imiter ;
Qu'on se garde à jamais de bannir de la scène
Ce langage des Dieux qu'adopta Melpomene.
Pour la premiere fois je t'écris dans le tien ;
Daigne d'un étranger excuser l'entretien ;
Et si j'ai bégayé la langue de Voltaire,
Je vais le lire encor pour apprendre à mieux faire.

PRÉCIS
HISTORIQUE
SUR M. DE VOLTAIRE.

PRÉCIS

PRÉCIS HISTORIQUE
SUR M. DE VOLTAIRE.

Marie François Arouet qui s'est rendu si célèbre sous le nom de Voltaire (1), est né le 21 Novembre 1694, de François Arouet, Conseiller du Roi ancien Notaire au Châtelet, Trésorier de la Chambre des Comptes, & de Marie Marguerite Daumart.

Le nom, le génie, l'âge de ce grand Homme, l'avantage qu'il a eu, & qui n'est pas le moindre de tous, de voir passer quatre générations, sa prééminence dans l'Empire des Lettres, tout l'éleve tellement au dessus de ses contemporains, que ses ennemis même ne lui donneraient pas d'autre rang que celui qu'on lui décerne ici dans la classe des Hommes illustres. L'amitié ne peut qu'ébaucher quelques traits de son Eloge dans un cadre étroit & prescrit. C'est à la postérité d'achever ce grand tableau.

L'Auteur avoit donné ce Précis pour la *Galerie universelle*. Comme tout le monde n'est pas à portée de se la procurer, on a cru faire plaisir aux Amateurs en plaçant ici ce morceau.

(1) *Voltaire* est le nom d'un petit bien de famille, qui appartenait à la mere de l'Auteur.

B

Le sujet est abondant, & je serai succinct, parceque ce n'est pas ici qu'il faut le remplir. Je ne dirai pas tout ce que je pense & tout ce que je sens, mais ce qui me paraît généralement reconnu. L'amitié, quoiqu'elle soit le plus louable des sentiments, le seul *où l'excès soit permis* (1), doit se défier d'elle-même, quand elle se rend l'interprete de la voix publique. M. DE VOLTAIRE qui a survécu à tant d'hommes qu'il a vus naître, n'a pas survécu à l'envie qui ne meurt point; & l'envie a toujours des partisans, parcequ'il y a toujours beaucoup d'hommes aisément trompés, ou desirant de l'être, & qu'elle parle plus haut & plus souvent que l'équité.

M. DE VOLTAIRE annonça, dès ses premieres années, cette activité d'imagination, & cette facilité de produire, qui sont les caracteres les plus marqués d'un génie heureux & supérieur. Il a dit de lui-même:

Au sortir du berceau j'ai bégayé des vers.

Mais il parlait à l'âge où les autres bégaient. On a de lui plusieurs morceaux écrits à quatorze ans, & qui ne se sentent point de l'enfance. Ses études furent brillantes. Il connut les Anciens qu'il a toujours aimés, & s'instruisit chez ces grands Maîtres du bon goût

(1) Volt.

mal traduits par des hommes qui n'ont eu que de l'érudition, & méconnus par d'autres qui n'ont eu que de l'esprit. Mais l'hommage qu'il rendit aux Anciens fut toujours exempt d'idolâtrie & de fanatisme. Il sut les juger en les admirant. A dix-neuf ans il composa un Œdipe d'après celui de Sophocle, & malgré celui de Corneille qui avoit du succès. Le sien en eut un prodigieux. La Motte eut le noble courage d'imprimer, dans l'Approbation de l'Œdipe, que le *Public s'était promis un digne successeur de Corneille & de Racine*. Il est vrai que la Motte n'avait pas encore fait de Tragédies. Mais cette Approbation de l'Œdipe, & Inès, sont peut-être les deux choses qui lui font le plus d'honneur.

Rousseau écrivit que le *Français de vingt-quatre ans* (c'est l'âge qu'avait M. DE VOLTAIRE, quand l'Œdipe fut représenté) *avait surpassé en beaucoup d'endroits le Grec de quatre-vingt*. Il écrivait à M. DE VOLTAIRE : *je vous regarde comme un homme destiné à faire la gloire de sa Nation*. N'oublions pas qu'il le mit dans la suite à côté de Gâcon, & au-dessous de Voiture, & déplorons les passions humaines.

On fit vingt critiques de l'Œdipe. Il y en eut une bonne, celle que M. DE VOLTAIRE fit lui-même ; &

une bien maligne & bien injuste, elle était de Racine le fils, qui se rendit depuis plus digne de son pere, quand il composa le Poëme de la Religion.

Le pere de M. DE VOLTAIRE, qui voulait que son fils fût Avocat, & qui même l'avoit chassé de sa maison parcequ'il voulait être Poëte, vint à une des représentations de l'Œdipe, dans la loge de Madame la Maréchale de Villars, où était le jeune Auteur. Il l'embrassa en fondant en larmes, au milieu des félicitations des Femmes de la Cour, & il ne fut plus question de faire M. DE VOLTAIRE Avocat.

La Henriade, qui parut quelques années après, était d'un autre genre de mérite non moins brillant & plus rare. C'était le premier Poëme épique dont la France pût se glorifier. Il paraissait dans un temps où l'on était encore aussi avide de vers qu'on en est aujourd'hui rassasié. La Henriade mit son Auteur au comble de la gloire. Il y avait foule chez l'Imprimeur pour en avoir des exemplaires. Elle se perfectionna dans les éditions multipliées qu'on en fit; &, malgré les critiques, elle est encore regardée comme le plus grand & le plus beau monument de la Poésie française.

La Henriade suffisait sans doute pour faire oublier

le peu de succès des pieces de Théâtre que donna M. DE VOLTAIRE, dans l'espace de douze ans, depuis Œdipe jusqu'à Brutus; & c'est une anecdote remarquable, que même après cette sublime Tragédie de Brutus qui fut estimée, mais peu suivie, les plus beaux esprits de ce temps-là, Fontenelle, la Motte & d'autres conseillerent à M. DE VOLTAIRE de renoncer au genre dramatique qui n'était pas le sien, & de s'appliquer à tout autre genre de Poésie. Il répondit en donnant Zaïre.

Zaïre, le chef-d'œuvre du sentiment & de l'intérêt théâtral; Zaïre qu'aurait envié Racine, étonné de retrouver cette langue que lui seul avait connue; Zaïre, l'ouvrage le plus touchant qu'on ait fait chez aucune Nation, fût une époque nouvelle & éclatante dans la vie de M. DE VOLTAIRE. Il était alors dans la force de son âge & de son génie. Il avait près de quarante ans. La mort de César, Alzire, Mérope, Mahomet, Sémiramis, Oreste, donnerent l'idée d'un genre de Tragédie dont il n'existait point de modele, & d'un style qui pouvait être comparé à celui de Racine, sans lui ressembler. C'est après Mérope, que M. DE VOLTAIRE fut enfin reçu à l'Académie Française. Le Public l'y avait appellé par acclamation, & les obstacles qui l'en avaient écarté jufqu'alors, céderent aux cris de la Renommée. Mais on aurait peine à imaginer ce qu'il fallut de foins & d'efforts pour fauver un reproche éternel à la Nation & à l'Académie ; reproche qui pourtant n'aurait dû tomber ni fur l'une, ni fur l'autre.

Ce moment fut pour M. DE VOLTAIRE celui de la faveur & des récompenfes. C'eft vers ce temps qu'il fut chargé de travailler aux Fêtes que l'on devait célébrer pour le mariage du Dauphin. C'eft alors qu'il obtint de la libéralité du Roi la Charge de Gentilhomme ordinaire, dont il a conservé le titre. On y joignit la place d'Hiftoriographe de France, qui étoit bien due à l'Auteur de l'éloquente Hiftoire de Charles XII. Il s'en rendit encore plus digne, lorfqu'il traça depuis le tableau du fiecle de Louis XIV, & le tableau plus vafte & plus difficile de l'Efprit humain dans tous les fiecles & chez toutes les Nations. Ces deux ouvrages, abfolument originaux, font émanés de cet efprit philofophique, qui, fe confondant par un mêlange heureux & rare avec l'imagination poétique, a marqué d'un cachet particulier toutes les productions de M. DE VOLTAIRE.

Cet efprit avide de toute efpece de connoiffances &

de vérités, peut-être aussi entraîné par l'exemple & la société d'une Femme célebre, & par le desir de partager ses goûts, s'éleva jusqu'à la hauteur où Newton s'étoit placé pour deviner le secret de la Nature & en calculer le système. Il rendit compte le premier des découvertes de cet illustre Anglais. Le premier, il nous fit goûter la Philosophie modeste de Locke, le génie brut de Shakespear & de ses compatriotes, & leur littérature hardie, féconde & républicaine. Ce sont autant de services qu'il nous rendait, & qui furent payés comme le sont trop souvent les services qu'on rend à sa Patrie.

Ce n'est pas ici le lieu de retracer les chagrins qui l'obligerent à quitter la sienne, pour aller vivre à la Cour d'un Roi Philosophe, dont la réputation alors naissante, accrue depuis par les dangers, les revers & les victoires, a jetté un si grand éclat; qui a étonné & combattu l'Europe, donné des loix à ses Peuples, & des leçons à ses Ennemis; qui s'est montré le rival de César dans ses Campagnes & dans ses Mémoires, & qui a été à la fois l'Historien & le Héros de sa Maison.

Les liaisons intimes de M. DE VOLTAIRE avec ce

Monarque, son séjour à Berlin, les démêlés qui l'en éloignerent & le conduisirent dans la retraite où il vit depuis vingt ans, fourniraient au curieux d'anecdotes des détails très piquants, qui ne seront pas perdus pour la postérité. La vie de cet Homme extraordinaire a été aussi fertile en événements, que son génie a été fécond en beaux ouvrages ; & l'un & l'autre peuvent être la matiere d'excellents Mémoires, pourvu que M. DE VOLTAIRE soit plus heureux que tant de grands Ecrivains qui ont eu des Commentateurs si peu dignes d'eux.

Dans cette foule de productions du premier ordre qui sont sorties de sa plume, à peine a-t-on le loisir de se rappeller tant d'autres ouvrages qui auraient fait, comme on l'a très bien dit, la réputation d'un autre homme, & qui n'ont été pour lui que les délassements de son génie. On sait avec quelle facilité il a quelquefois produit ses chefs-d'œuvre. Zaïre fut faite en dix-huit jours. C'est l'élan d'une imagination passionnée. Nanine fut l'ouvrage d'une semaine ; Nanine, le modele de ce genre mixte qui fait verser des larmes douces, & excite le sourire de l'ame ; genre secondaire que M. DE VOLTAIRE n'a point dédaigné, parcequ'un homme qui a du génie, en met par-tout ; genre qui a immortalifé La Chauffée, & qui depuis, comme tout le refte, a été corrompu & dénaturé.

S'il en coûtait fi peu à M. DE VOLTAIRE pour enfanter des merveilles dramatiques, qu'on juge avec quelle aifance il laiffait tomber fur le papier ces badinages poétiques, connus fous le nom de pieces fugitives. Le recueil en eft immenfe; toutes ont été des faillies du moment, diêtées par un efprit fin & délicat, & réglées par un goût fûr. Ce goût exquis dont il avoit été doué par la Nature, s'était encore épuré dès fa premiere jeuneffe, dans l'excellente compagnie où il avait vécu, dans la fociété de Chaulieu, du Grand-Prieur, de M. de la Feuillade, du Chevalier de Bouillon, du Maréchal de Villars, &c. C'eft là qu'il apprit à goûter cet efprit naturel, cette fleur d'urbanité qui diftinguait les Courtifans de Louis XIV, & qu'on retrouve avec tant de plaifir dans les écrits de Me de Sévigné, de Me de la Fayette, & dans tous les monuments qui nous reftent de cette Cour à jamais mémorable.

Zadig, Memnon, Scarmentado, Candide, l'Ingénu, tous les mélanges de Philofophie & de Littérature, font les délices de tous les Lecteurs éclairés, font toujours relus, & paraissent toujours meilleurs. Ses *Discours sur l'homme*, le Poëme sur *la Loi naturelle*, ses vers sur *le Désastre de Lisbonne*, peuvent être opposés aux Poésies philosophiques de Pope. Nous n'avons encore dans notre langue qu'un seul ouvrage que l'on puisse mettre en parallele avec l'Oriando de l'Arioste, & cet ouvrage est sorti de la même tête qui a conçu le plan de Zaïre.

Résumons. Nul homme n'a jamais réuni tant de divers talents dans un si haut degré. Nul n'a jamais eu cette prodigieuse flexibilité d'esprit qui sait se plier à tous les tons, & cette justesse de goût qui ne les confond jamais.

Nul homme n'a produit un si grand nombre d'ouvrages d'imagination, & n'a rassemblé plus de vérités & d'idées dans les écrits qui appartiennent à la raison.

Nul n'a possédé plus éminemment ce charme de style qui attache sans cesse le Lecteur, & qui se compose de la clarté, de la grace & de la rapidité réunies.

Nul n'a exercé de si bonne heure la faculté de produire. Nul, excepté Sophocle, n'a eu une vieillesse si brillante & si vigoureuse. M. DE VOLTAIRE a donné

Tancrede à soixante & six ans, & l'Epître à Boileau à soixante & seize.

Nul n'a joint à une Littérature plus vaste une critique plus lumineuse. Ses principes de goût, rassemblés en forme de poétique, & ses Commentaires sur le Théâtre de Corneille, sont des morceaux achevés. Les Commentaires n'ont été blâmés que par ceux qui ne sont pas dignes d'admirer le grand Corneille.

Nul homme n'a joui plutôt & plus long-temps d'une si grande réputation, & n'a tant occupé la Renommée & l'Envie. On feroit une bibliotheque de ce qu'on a écrit contre lui, & il n'y a presque point de Souverain dans l'Europe dont il n'ait reçu des marques d'estime & de bonté.

Nul Ecrivain n'a tant fait aimer l'humanité, & tant fait haïr les deux plus grands ennemis qu'elle ait, le fanatisme & la tyrannie. Nul ne s'est tant appliqué à mettre la raison & la vérité à la portée de tous les Lecteurs; nul n'est plus relu ni plus cité, & n'a obtenu plus d'empire sur les esprits & les opinions de son siecle.

Cette sensibilité vive & prompte qui anime tous

ses ouvrages, a dû le dominer aussi dans sa conduite. Il n'a jamais résisté à l'impression du mérite ni au ressentiment d'un outrage. Il a répandu des bienfaits, même sur des ingrats, & exercé des vengeances, même sur des hommes vils. Après la gloire de pardonner à ses ennemis, la plus grande est de s'en faire craindre.

Il a élevé le premier sa voix en faveur du sang innocent que l'erreur venoit de répandre; & il est entré dans l'heureuse destinée de cet homme unique, de tirer de l'oubli & de l'indigence la postérité de Corneille, & de sauver de l'oppression & de l'ignominie la postérité de Calas.

Pour achever d'être extraordinaire en tout, il est le premier Ecrivain qui ait joui d'une très grande fortune, sans remplir aucune des places qui peuvent y conduire, ni renoncer à aucun des talents qui en éloignent. La faveur des Princes & des Ministres, le commerce & l'esprit d'ordre, voilà les sources de son opulence. Mais observons qu'il eut l'avantage précieux de naître avec un honnête patrimoine, & qu'il ne fut jamais obligé de devoir sa subsistance à son travail.

La Terre de Ferney où il a établi sa demeure est devenue une colonie florissante dont il est le fondateur & le soutien. Il a fait rebâtir l'Eglise de sa Paroisse; on y lit cette inscription : *DEO EREXIT VOLTAIRE.*

Enfin la Société des Gens de Lettres a décerné à M. DE VOLTAIRE un honneur qui n'avait encore été accordé en France à aucun particulier. Ils se sont réunis pour lui faire élever à leurs frais une Statue en marbre que le fameux Pigal a été chargé d'exécuter. Cet hommage qui honore leur sensibilité, & qui doit tant flatter celle de M. DE VOLTAIRE, est d'ailleurs un bel exemple qui ne peut manquer d'être suivi, & qui nous avertit de ce qu'on doit aux grands Hommes.

On a proposé différentes Inscriptions pour cette Statue, & plusieurs ont paru très heureuses; mais on n'en mettra pas une plus belle que son nom.

www.ingramcontent.com/pod-product-compliance
Lightning Source LLC
Chambersburg PA
CBHW060516050426
42451CB00009B/1005